AF232332

ALLIANCE

DE

JÉSUS - CHRIST

AVEC LA FRANCE

DISCOURS

ADRESSÉ AUX PÈLERINS DIJONNAIS A PARAY-LE-MONIAL

le 2 juin 1874

PAR LE P. P. FRISTOT, S. J.

DIJON

IMPRIMERIE J. MARCHAND, RUE BASSANO, 12

1874

ALLIANCE

DE

JÉSUS - CHRIST

AVEC LA FRANCE

DISCOURS

ADRESSÉ AUX PÈLERINS DIJONNAIS A PARAY-LE-MONIAL

le 2 juin 1874

PAR LE P. P. FRISTOT, S. J.

DIJON

IMPRIMERIE J. MARCHAND, RUE BASSANO, 12

1874

*Si audieritis vocem meam et cu..odieritis
pactum meum, eritis mihi in peculium de
cunctis populis.*

« Si vous écoutez ma voix, si vous
gardez mon alliance, vous me serez
chers entre tous les peuples. »

(*Ex.* XIX, 5.)

MES FRÈRES,

C'est en ces termes que Dieu s'adressait au peuple
qu'il avait prédestiné à devenir le gardien des promesses éternelles, lui proposant une alliance d'où devait
naître la fortune la plus surprenante. Israël accepta par
la bouche de Moïse. Dès lors sa cause devint la cause de
Dieu lui-même, et il ne cessa de mesurer ses prospérités
et ses revers à l'observation ou à l'oubli de ses engagements.

Ce privilége d'une nation pouvant se dire, à l'exclu-
sion de toute autre, le peuple de Dieu, a été abrogé par
l'apparition de l'Evangile, qui ne connaît ni grec ni
barbare, et veut montrer « à toute chair le salut de
Dieu. »

Cependant, au milieu de cette universalité de l'empire
du Christ qui embrasse toutes les races, fleurit sous toutes
les latitudes, ne peut-il se faire qu'un peuple revendique
pour lui, non la possession exclusive de la foi qui appartient également à tous, mais le privilége d'une union
plus étroite avec Jésus-Christ et avec son Eglise?

On a dit que « la France était nécessaire à l'Eglise. »

Je m'empare avec bonheur de cette parole tombée des lèvres d'un illustre évêque. Non, certes, que Jésus-Christ qui a fondé son Eglise par douze pêcheurs, ait besoin de qui que ce soit, individualité ou peuple, pour soutenir son œuvre. Mais, de même que Dieu, n'ayant besoin d'aucun homme pour accomplir ses desseins, fait choix de certains hommes pour des fonctions ou des actes qui sont leur honneur bien plus que leur vertu; de même aussi, n'ayant besoin d'aucune nation pour constituer son empire, il prédestine certains peuples à un rôle particulier qui est leur gloire, bien plus que leur mérite. Or, nous nous montrerions ingrats envers la Providence, nous fermerions les yeux aux lumières les plus éblouissantes de l'histoire, si nous hésitions à proclamer que depuis quatorze siècles, la France n'a cessé d'être associée aux destinées de l'Eglise par le lien le plus étroit; en sorte que, aux yeux de tous, amis ou adversaires, la gloire maternelle de l'Eglise souffrirait quelque obscurcissement, si le peuple aîné dans la foi descendait définitivement au rang de puissance d'un ordre inférieur. Le prestige du nom chrétien paraîtrait amoindri, si le monde voyait brisée dans son action, la nation qui fut toujours considérée comme l'épée de l'Eglise. Voilà pourquoi, le cœur rempli d'une douce émotion, je vous répète cette parole qui sort en ce moment du Cœur de Jésus-Christ lui-même : *Si audieritis vocem meam et custodieritis pactum meum, eritis mihi in peculium de cunctis populis.* « Si vous écoutez ma voix, si vous gardez mon alliance, vous me serez chers entre tous les peuples. »

Ce pacte glorieux conclu par Jésus-Christ avec la France, des mains imprudentes avaient entrepris de le déchirer. Mais le cœur de la France n'a pu consentir à cette apostasie. Elle fait entendre par les manifestations les moins équivoques qu'elle veut renouer cette alliance, et nous sommes venus de nouveau en ces lieux pour attester hautement, par notre présence, que le cœur de la France bat auprès du Cœur de Jésus.

I

Ce pacte, comme toutes les choses qui durent, a été écrit dès l'origine, non avec de l'encre, sur le papier, mais dans les faits et avec du sang.

Entre les nations barbares que sa Providence tenait en réserve dans les forêts de la Germanie, pour repeupler les ruines de l'Empire romain tombant par sa propre décrépitude, Dieu avait distingué la tribu des Francs. Il la prit par la main, l'amena sauvage et frémissante, mais pleine de générosité, sur cette terre privilégiée de la Gaule, dont le sol s'ouvre facilement au soc et féconde toutes les semences, dont le ciel mûrit tous les fruits. Il l'établit au sein de ces plaines fertiles, sur les flancs de ces riants côteaux, au bord de ces beaux fleuves qui, descendant vers la mer, préparent à l'industrie les voies faciles par où elle amène chez elle les productions des pays les plus lointains, pour les transformer.

Mais si la tribu franque s'est tenue en dehors de l'hérésie arienne qui a infecté presque tous les barbares baptisés, elle n'a pas encore renoncé à ses faux dieux. Il faut que sa conversion au Christ confirme le choix que Dieu a fait d'elle, et devienne comme le fait constitutif de sa nationalité. Voyez comme Dieu réalise ce dessein. Les flots de l'invasion se poussant les uns les autres, ont porté jusque sur le seuil de la Gaule les hordes innombrables des Alemans qui veulent en disputer la possession aux Francs. Vous savez (ce fait est le plus authentique de nos annales) comment, dans la plaine de Tolbiac, la valeur ployait sous le nombre. Clovis, qui voit les siens, débordés par la multitude, sur le point de succomber, se rappelle soudain le Christ, dont Clotilde, une fille de Bourgogne, son épouse, a souvent murmuré le nom à son oreille : « Jésus-Christ, Dieu de Clotilde, s'écrie-t-il, donne-moi la victoire et je croirai en toi ! » Le nom de Jésus-Christ ainsi invoqué pour la première fois sur un champ de bataille, communique aux cœurs des guerriers une vigueur nouvelle. Leurs bras fatigués se relèvent; les Alemans sont mis en fuite et les Francs demeurent paisibles possesseurs de la terre que nul ne leur ravira, parce que Jésus-Christ y est avec eux.

Brûle tes idoles, fier Sicambre, mais non tes vaillantes armes! Lorsque Clovis, au sortir du baptistère de Reims, reprend sa francisque et son épée, il jure de les consacrer à la défense de l'Eglise et à la protection de la vérité. Quels grands coups frappait cette épée de la France baptisée par Remi, partout où elle rencontrait les ennemis du Christ et de son peuple! On y sentait le bras de Dieu luttant par ses guerriers, *Gesta Dei per Francos*.

La puissance musulmane menace-t-elle d'étouffer à son berceau la civilisation chrétienne qui commence à naître, et de rétablir par les armes l'empire de l'erreur; la Providence amène les Sarrasins à travers l'Afrique, l'Espagne et l'Aquitaine jusqu'aux champs de Poitiers. Là Charles, qui a fait déployer au devant de ses bataillons, en guise d'étendard, le manteau du soldat évêque, Martin de Tours, les broie comme le marteau brise le fer rougi au feu, et en chasse les débris au-delà des Pyrénées.

Quatre siècles plus tard, c'est de l'Orient que retentit le cri d'alarme. Les Francs se lèvent de nouveau. Ils chevauchent à travers l'Allemagne, la Hongrie, la Grèce, ou bien s'embarquent sur les vaisseaux frétés par Venise. Ils abordent la terre que sillonnèrent les pas du Sauveur; ils plantent leurs étendards glorieux sur le tombeau du Christ arraché aux infidèles. Un Français reçoit de l'admiration de ses compagnons d'armes l'investiture du royaume de Jérusalem, comme pour faire entendre que, si le sceptre de David et de Salomon devait un jour se relever de la poudre, il ne pourrait être porté dignement que par des mains françaises. Quand nos pères se retirent laissant de leurs exploits, aux lieux qui en ont été témoins, un souvenir que les siècles n'ont point affaibli, le colosse musulman est réduit à l'état d'un grand corps brisé qui respire encore, mais d'où s'est retirée la vigueur.

Mêlés à ces lauriers de la victoire, quels fruits admirables de sainteté ne produisait pas notre nation! Nulle portion du champ de l'Eglise ne voyait s'épanouir à sa surface une floraison plus brillante de vertus. Si Benoît a déposé dans les grottes qui creusent les flancs du mont Cassin, les premiers germes de la vie monastique sous le ciel d'Occident, Maur, son disciple chéri, traversant les Alpes, est venu sur les bords de la Loire, se faire le chef de cette armée innombrable de moines qui ont défriché les déserts, bâti les cités, conservé aux lettres et aux sciences leurs traditions et leurs monuments.

Faut-il vous rappeler Bernard, votre compatriote, transplantant, pour le faire fructifier, dans le riant vallon de Clairvaux, un rejeton du grand arbre de Cîteaux, et ne quittant sa solitude que pour entraîner princes et peuples à la croisade; puis, au retour de ces saintes expéditions, ramenant depuis les bords du Rhin, des légions de jeunes hommes qu'il avait enivrés des senteurs du cloître, pour en refermer sur eux les portes infranchissables?

Si Dominique a vu le jour sous le ciel d'Espagne, c'est sur le midi de la France que vient se répandre son zèle brûlant. Là il propage la dévotion du saint Rosaire, qui est devenue la forme populaire de l'hommage catholique à Marie.

La même Espagne, qui avait vu naître Dominique, compte parmi ses plus braves officiers Ignace de Loyola. Mais dès que celui-ci a résolu de créer une Compagnie au service de Jésus-Christ, il quitte les solitudes de Montserrat pour se rendre à Paris. C'est là qu'il choisira ses premiers compagnons. Un enfant de la Savoie, Pierre Lefèvre, qu'un décret récent vient de placer sur les autels, fut le premier prêtre de cette petite réunion ; en cette qualité, il reçut les premiers engagements de tous, dans une crypte de la montagne baignée autrefois par le sang des martyrs et qui va porter à son sommet le temple national, symbole de l'union indissoluble de Jésus-Christ avec la France.

N'est-il pas l'expression la plus vraie du génie français, ce saint évêque de Genève qui par sa parole, enivra de l'amour divin vos aïeux, desquels il disait : « Ce peuple est facile aux saintes impressions » ? De concert avec Jeanne de Chantal, votre illustre compatriote, il fonda cet ordre de la Visitation dont les cloîtres habités par le silence et par l'amour, devaient recevoir les confidences les plus sublimes du Ciel.

Vers cette même époque, les frontières du monde connu se dilatent ; les horizons s'entr'ouvrent, laissant apercevoir de nouvelles terres sous de nouveaux cieux. Que d'autres peuples plus âpres au gain y volent, pour en rapporter les trésors qui faisaient l'orgueil de Tyr et de Sidon ; les enfants de la France les suivront de près, pour y porter les richesses de l'Evangile.

On dit que le génie colonisateur s'est retiré de notre politique ; n'est-ce point parce que l'esprit chrétien est absent de nos calculs ? Quoi qu'il en soit, il est une gloire qui n'a pu nous être enlevée. Depuis de longs siècles, partout où était aperçu le pavillon de la France, on croyait voir s'avancer la civilisation et le Catholicisme. Parmi les habitants des plages lointaines, le titre de Franc et celui de Chrétien catholique se confondaient dans une seule signification. Cette gloire, mes Frères, les apôtres nombreux qui, chaque jour, des rangs du clergé séculier et des congrégations religieuses, s'élancent à travers les montagnes, les fleuves, les déserts et les mers, ne l'ont pas laissée tomber dans notre siècle. Grâce à eux, le Tonkin cruel,

les Indes brûlantes, la Chine orgueilleuse, le Japon ina-
bordable, les côtes inhospitalières d'Afrique, les jeunes
diocèses des deux Amériques, s'ils ont entendu le bruit
des revers inouïs qui nous ont accablés, voient du
moins de leurs yeux que la France est toujours riche de
dévouement et de lumières à prodiguer. Et nos cruels
ennemis qui ont pris à tâche de nous déshonorer, n'ont
pu faire qu'à l'heure où je vous parle, sous tous les cieux,
des voix ne s'élèvent avec l'accent de la commisération
et de l'amour, demandant à Dieu grâce pour la France
qui leur a envoyé le salut et la civilisation.

Mais, mes Frères, ma parole tarde trop à vous entre-
tenir de ce qui est ici présent à vos yeux et à vos cœurs.
Quand Jésus s'est résolu de raviver au sein de ce monde
penchant sur son déclin, le foyer alangui de la charité
divine, à qui s'adresse-t-il pour faire entendre les confidences nouvelles de son Cœur? A une religieuse française, la Bienheureuse Marguerite-Marie, assistée par
un religieux français, le vénérable P. de la Colombière,
dont les reliques attendent ici un tombeau digne d'elles.
Du sommet de cet autel, auprès duquel a veillé depuis
un an notre bannière, sous les cloîtres de ce monastère
que dominent nos regards, dans ces bosquets dont nous
apercevons d'ici les cimes, Jésus-Christ entretient sa ser-
vante des desseins d'amour qui remplissent son Cœur.
Dans ces célestes confidences, il mêle sans cesse aux
promesses pour l'universalité des enfants de l'Eglise,
les témoignages d'une tendresse particulière pour la
France.

S'il dit, s'adressant à tous les chrétiens, que « les trésors de bénédictions et de grâces renfermés dans son
Cœur, sont infinis, » il ajoute qu'une mission spéciale est
réservée à la France dans la propagation de cette dévotion, ainsi qu'une participation plus abondante aux trésors qu'elle renferme :

« Fais savoir au Fils aîné de mon Sacré-Cœur que.....
mon Cœur adorable veut triompher du sien et, par son
entremise, de celui des grands de la terre. Il veut régner

dans son palais, être peint dans ses étendards et gravé dans ses armes, pour les rendre victorieuses de tous ses ennemis, en abattant à ses pieds ces têtes orgueilleuses et superbes, afin de le rendre triomphant de tous les ennemis de la sainte Eglise. »

Le Cœur de Jésus insiste, il charge l'humble religieuse d'un nouveau message pour Louis XIV. Il demande que ce prince fasse élever un édifice « où sera exposé le tableau du divin Cœur, pour y recevoir la consécration du roi et de toute la cour. Par cette dévotion il veut lui départir le trésor de ses grâces de sanctification et de salut, en répandant avec abondance ses bénédictions sur toutes ses entreprises qu'il fera réussir à sa gloire; en donnant un heureux succès à ses armes pour le faire triompher de la malice de ses ennemis. Heureux s'il prend goût à cette dévotion qui lui assurera un règne. éternel d'honneur et de gloire dans ce Sacré-Cœur de N. S. Jésus-Christ! »

N'êtes-vous pas tentés de voir prophétisé par ces autres paroles que je vais vous citer, le remède à l'isolement complet où se trouve aujourd'hui la France? « Ceux qui contribuent à propager cette dévotion s'attirent l'amitié et les bénédictions de l'aimable Cœur de Jésus *et un puissant protecteur pour notre patrie.* »

Voilà comment Jésus a vérifié à notre égard les termes de sa promesse : « Si vous gardez mon alliance, vous me serez chers entre tous les peuples. »

II

Comment avons-nous répondu à cet appel? C'est ici que ma parole a besoin de s'armer de courage, puisqu'elle doit raviver des blessures qu'il est cependant nécessaire de faire parler. Assez de voix, assez de plumes s'efforcent de remplir le triste programme tracé par la mollesse des Juifs dégénérés à leurs faux prophètes : *Dic nobis placentia.* « Tenez-nous un langage qui nous flatte! » Dites-nous que nous sommes grands, après nos défaites; dites-nous que nous sommes riches, après avoir été rançonnés; dites-nous que nous sommes relevés dans l'estime publique, quand nul n'ose s'allier à nous; dites-nous que nous sommes irréprochables, tandis que la vengeance divine pèse de tout son poids sur nos têtes. Mais, mes Frères, j'ai appris de l'Esprit de Dieu que les blessures des amis sont préférables aux baisers empestés des ennemis. Je ne craindrai donc pas de sonder la profondeur de nos plaies. Qu'avons-nous fait de l'alliance divine à laquelle étaient attachés si visiblement notre prospérité et notre bonheur?

Hélas ! celui qu'on appelait le Grand Roi demeura sourd à l'invitation du Cœur de Jésus. Sa vieillesse s'éteignit dans la tristesse, au bruit des revers qui humiliaient nos armes réputées jusque-là invincibles. Il avait refusé de « faire triompher le Cœur de Jésus dans son cœur ; » il cessa de triompher de ses ennemis. La révélation divine l'avait proclamé « heureux, s'il prenait goût à cette dévotion ; » il n'y prit pas goût et quelques

années plus tard, il recevait avec ces mots, un de ses plus
habiles guerriers que la fortune venait de trahir sur le
champ de bataille : « A notre âge on n'est plus heureux. »

Comment la dévotion au Cœur de Jésus fut-elle ac-
cueillie par la France ? Les jansénistes la calomnièrent,
les beaux esprits s'en moquèrent, les parlements la pour-
suivirent : en vain Belzunce éleva la voix du milieu de sa
cité épiscopale jonchée de cadavres par la peste. Il éveilla
au cœur des Marseillais une reconnaissance qui a tra-
versé toutes les révolutions et dont nous recueillons ici
même, les récents échos. Mais le XVIIIᵉ siècle, trop corrompu et trop frivole pour relever le vœu exprimé par
le Cœur de Jésus à sa nation privilégiée, vérifiait triste-
ment l'oracle du Prophète : *Filios enutrivi et exaltavi;
ipsi autem spreverunt me.* « J'ai nourri des fils, je les ai
exaltés; ils m'ont méprisé. »

Enfin cette société légère qui avait semé de fleurs la
pente conduisant aux abîmes, rencontrait tout à coup,
au terme de ses orgies élégantes, la banqueroute et l'é-
chafaud. Captif dans son palais, avant de l'être dans un
cachot, Louis XVI qui devait être la victime innocente
pour tous, se ressouvint de la demande séculaire du Cœur
de Jésus qui n'avait pas encore été entendue; il écrivit
de sa main la protestation suivante : « O Jésus-Christ,
divin Rédempteur de toutes nos iniquités, c'est dans votre Cœur adorable que je veux déposer les effusions de
mon âme affligée. J'appelle à mon secours le tendre
Cœur de Marie, mon auguste protectrice et ma mère, et
l'assistance de saint Louis, mon patron et le plus illustre
de mes aïeux. Ouvrez-vous, Cœur adorable, et, par les
mains si pures de mes puissants intercesseurs, recevez
avec bonté les vœux satisfactoires que la confiance m'inspire et que je vous offre comme l'expression naïve de
mes sentiments. »

A la suite de cette prière, Louis déclare que, si, par un
effet de la bonté infinie de Dieu, il recouvre sa liberté, sa
couronne et sa puissance, il révoquera toutes les lois qui

appelions de toutes les extrémités de la terre dans notre capitale, devenue le centre des plaisirs, quel spectacle offrions-nous à contempler? Ces palais qui abritaient des voluptés si raffinées, des fêtes si étourdissantes, qu'après y avoir goûté, on s'éloignait de nous comme d'une séduction qui a un instant étouffé la raison, n'avaient-ils pas entassé dans leur structure plus de blasphèmes que de pierres? Ces façades splendides qui prétendaient donner la mesure de notre grandeur, n'avaient-elles pas étalé sans relâche, durant de longues années, le spectacle impie de la violation publique, je dirai presque officielle, du repos du dimanche?

Ah! mes Frères, prenons-y garde; nous sommes ici en présence d'un de ces désordres qui, non-seulement souillent la conscience individuelle, mais font encourir à la société, au sein de laquelle ils se produisent et qui les tolère et les encourage, une complicité qui se solde dans le domaine du temps, au sein duquel seulement la vengeance divine atteint les nations.

Je vous en conjure, au nom de vos âmes, au nom de l'Eglise, au nom de la patrie, prenez devant cet autel l'engagement sacré de travailler de toutes vos forces à extirper de nos mœurs cet outrage permanent aux droits de Dieu sur les individus et sur les cités. Vous tous ici réunis qui aimez la France, à quelque condition que vous apparteniez, artisans, maîtres de maisons, pasteurs dévoués, laïques généreux, épouses et mères chrétiennes, vous-mêmes, enfants mêlés à nos rangs, jurez à Jésus qui attend votre engagement, que vous emploierez toutes les industries de votre esprit, toute l'étendue de votre influence, toute l'énergie de votre volonté, à faire mentir désormais cette accusation qu'un étranger illustre faisait peser trop justement sur nous : « La violation du repos du dimanche est le péché national de la France. » Ici c'est Jésus-Christ lui-même qui vous appelle à son aide. Il a oublié généreusement les injures qui s'adressaient à sa personne (n'est-il pas l'Agneau qui se tait devant les injures et prie pour ses persécuteurs?) Mais comment pourrait-il arrêter le bras de son Père, dont le domaine est chaque jour violé par cette prévarication athée ?

Laissez-moi, mes Frères, développer ici toute ma pensée. Je me sens pressé de justifier la Providence d'une accusation qui a été élevée contre elle. A l'heure où les désastres se succédaient avec une si implacable persévérance pour nos armes, j'ai entendu des hommes s'écrier : Comment Dieu donne-t-il à une nation hérétique, mère du protestantisme, la victoire sur la nation catholique, fille aînée de l'Eglise ? Nous une nation catholique : hélas ! méritions-nous encore ce titre ? La ferveur individuelle de certaines âmes appelait sur elles une protection qui (mille témoignages en font foi) ne leur a pas fait défaut. Mais, dites-moi, Jésus-Christ abaissant ses regards sur ces bataillons amoindris qui ne s'étaient courbés sous aucune bénédiction, sur ces foules désordonnées où nul ne savait invoquer le secours d'en-haut, pouvait-il reconnaître la nation que la main de Remi avait sacrée reine au bord du baptistère de Reims ? Seule entre toutes les nations civilisées, peut-être entre tous les peuples du monde, la France, depuis quatre-vingts ans, s'était rigoureusement interdit tout recours solennel à la protection d'en-haut, violant ainsi cette grande loi qui prescrit aux sociétés, comme aux individus, d'attendre de Dieu ce qu'elles ne peuvent se donner à elles-mêmes, la stabilité et la durée. Non, non, nous n'étions plus en droit de nous prévaloir de la solidarité séculaire des intérêts de Dieu sur la terre avec ceux de la France. Le Cœur de Jésus avait sollicité une alliance publique avec la France ; la France du XIXe siècle lui avait répondu par une rupture officielle.

III

Certes, mes Frères, nous eussions mérité qu'en punition de cette ingratitude, Dieu transférât à quelque nation plus docile une prérogative que nous nous obstinions à répudier avec une si constante infidélité. Mais Dieu n'est pas comme l'homme, qui se hâte d'abandonner l'œuvre où il ne réussit point. Il aime tellement ses propres bienfaits, qu'il ne saurait se résoudre à les voir demeurer sans fruits. Il s'attache si tendrement aux âmes que, quand une d'elles le repousse, il semble ne pouvoir s'en détacher, et employant tour à tour la sévérité et la douceur, il ne cesse de la poursuivre, jusqu'à ce qu'il trouve en elle quelque entrée. Ainsi a-t-il agi envers la France. Pour elle surtout se vérifie cette belle remarque de saint Augustin : « L'apôtre saint Jean s'est servi d'une expression choisie. Il ne dit pas que le Cœur de Jésus a été *transpercé*, mais *ouvert*, afin de nous faire entendre qu'il ne s'est pas refermé. »

En 1823, à l'heure où l'impiété se réveille plus audacieuse en France et acclame plus bruyamment Voltaire dont elle réédite les œuvres, le Cœur de Jésus fait entendre de nouveau ses volontés et ses desseins de miséricorde sur nous. Ecoutez le langage qu'il tient dans une révélation portant tous les caractères d'authenticité : « La France est toujours bien chère à mon Cœur, et elle lui sera consacrée. Mais il faut que ce soit le roi lui-même qui consacre sa personne, sa famille et tout son royaume à mon divin Cœur, et qu'il lui fasse élever un autel.... Je prépare à la France un déluge de grâces, lorsqu'elle sera consacrée à mon divin Cœur.... Je prépare toutes choses, ajoute-t-il encore ; la France sera consacrée à mon Cœur et toute la terre se ressentira des bénédictions que je répandrai sur elle. La foi et la religion refleuriront en France par la dévotion à mon divin Cœur. »

Cette alliance solennelle de la France avec le Cœur de Jésus, que nulle royauté n'a su ou voulu conclure, la nation française, par la bouche et le cœur de ses enfants vraiment catholiques, veut aujourd'hui la nouer.

Nous la nouons par le repentir ; nous la nouons par l'amour ; nous la nouons par l'engagement public que nous prenons de reconnaître désormais le Cœur de Jésus pour notre Sauveur et notre Roi.

Nous la nouons par le repentir. N'est-ce pas en effet l'acte le plus solennel de repentir, en même temps que l'aveu sincère de cette vérité confessée par nous, que notre apostasie nationale a été la cause principale des hontes et des crimes où nous avons été précipités ; que l'érection de ce temple national, proclamé d'utilité publique, sur ces hauteurs qui dominent Paris, à quelques pas du lieu où une commune haine enveloppait dans le plus hideux des massacres, les ministres de la religion et les défenseurs de la société ?

N'est-ce pas dans un esprit de réparation que nous sommes réunis ici pour la seconde fois, portant sur nos poitrines ces insignes sacrés que le respect humain avait trop longtemps tenus cachés loin des regards ? N'est-ce pas le repentir et la douleur qui arrachent à nos âmes ce cri : *Pitié, mon Dieu !* qui demeurera le chant national de la France aussi longtemps qu'elle n'aura point séché toutes ses larmes, fermé toute ses blessures ? N'est-ce point pour obéir à ces mêmes sentiments que, secouant la mollesse de nos habitudes, nous avons repris les longues excursions à la recherche des sanctuaires privilégiés où la miséricorde éclate plus abondante, et demandé à la vapeur qui naguère ne savait nous transporter que là où nous appelait l'intérêt ou le plaisir, de se faire le véhicule de la prière et du sacrifice ?

Nous renouons notre alliance par la charité qui « couvre la multitude des péchés; » *Caritas operit multitudinem peccatorum.* « Ceux qui aiment, a dit saint Augustin, sont choisis, précisément parce qu'ils aiment; » *Qui diligunt, quia diligunt, eliguntur.* Eh bien ! j'ose le dire non-seulement en présence des hommes, mais à la face du ciel : la France, si elle s'est laissée aller à de scandaleuses prévarications, n'a point cessé cependant d'aimer Jésus-Christ.

Elle l'aime par ses évêques qui, plus instamment que tous les autres pasteurs de la catholicité, ont sollicité les honneurs du culte universel pour le Sacré-Cœur de Jésus. Elle l'aime par ses prêtres qu'un amour si tendre et une fidélité si inviolable unissent au Vicaire de Jésus-Christ. Elle l'aime par ses religieux des divers instituts qui, au prix de sacrifices quotidiens les plus pénibles, ressuscitent sur toute la surface de notre sol, cette variété de pratiques qui est une des plus riches floraisons de l'Evangile. Elle l'aime par ses missionnaires qui volent au-delà des mers, semer la parole évangélique qu'ils font germer par leurs sueurs et par leur sang. Si, pra notre littérature nous avons porté le poison mortel dans beaucoup d'âmes, au sein de la vieille Europe ; par l'œuvre de la Propagation de la Foi, qui est surtout française, nous avons répandu la connaissance de Jésus-Christ chez les peuplades lointaines qui l'ignoraient.

Elle l'aime par ces milliers de vierges qui se dévouent à instruire l'enfance, à guérir les infirmités de tous les âges, à consoler tous les délaissements. Elle l'aime par ces jeunes gens généreux qui, à l'heure où la France officielle abandonnait la cause de Rome, allaient, dédaignant les railleries des uns, les menaces des autres, l'indifférence de presque tous, offrir leurs poitrines aux coups des envahisseurs du domaine pontifical. Elle l'aime par ces âmes d'enfants, de jeunes filles, de jeunes hommes qui, à travers l'atmosphère viciée de ce monde corrompu, portent immaculé le lis de leur pureté. Elle l'aime par toutes ces âmes de mères de famille, de laïques de toutes les conditions qui s'efforcent de conserver au foyer domestique sa sainteté menacée, et, par l'exercice courageux de tous les devoirs de l'existence commune, font en quelque sorte de leurs vies, un rempart à Jésus-Christ qu'on voudrait exiler du foyer domestique.

Elle l'aime, oui elle l'aime par ces masses populaires elles-mêmes que l'on peut bien, en des heures d'égarement, à force de calomnies savamment ourdies, de défiances habilement excitées, soulever contre les ministres de Jésus-Christ, conduire à l'assaut de ses temples, mais. qui reculent épouvantées, lorsqu'on leur propose de divorcer avec le Christ, tant elles sentent qu'elles tiennent à lui par le fond de leurs entrailles! Elle l'aime enfin, par ces œuvres de charité innombrables qui vivent, non plus de notre superflu, mais de notre épuisement. Si nous avons versé l'or par torrents pour le luxe et pour la volupté; ne l'oubliez pas, ô mon Dieu, nous l'avons donné aussi en abondance pour le soulagement de toutes les infortunes, pour le rachat de la servitude des âmes, pour le soutien de la plus auguste des indigences, celle de votre Pontife pour qui nous avons ressuscité le denier volontaire des âges de foi.

Charité de l'or, charité de l'apostolat, charité du sang : c'est peut-être là le triple lien dont l'indestructibilité est proclamée par le sage, dans l'Ecriture; *Funiculus triplex difficile solvitur.* Mon Dieu ! nous vous rappelons ces mérites de notre France, non pour imiter le pharisien qui se faisait de ses œuvres une pâture à son orgueil, mais pour vous remercier de ce que, malgré nos crimes, vous n'avez pas permis que la charité se retirât de nos âmes.

Nous renouons l'alliance avec Jésus-Christ par un engagement solennel et national, dont nous prenons à témoin ces lieux qui entendirent la voix de Jésus-Christ lui-même nous la proposer. L'offre d'alliance divine que lès princes ont dédaignée, alors qu'ils pensaient pouvoir se soutenir par les alliances humaines, nous la relevons, nous, peuple, qui n'avons plus de prince à notre tête, et dont la faiblesse écarte de nous l'alliance des forts de la terre. On nous dit que les résolutions nationales tirent aujourd'hui leur valeur uniquement de l'assentiment de l'opinion publique, dont elles doivent demeurer l'écho docile. Or, dans la formation de cette opinion, nous pesons de tout le poids de nos suffrages individuels. Nous faisons donc ici un plébiscite en action, le plus sincère et le plus efficace de tous.

Mais avez-vous donc avec vous le nombre, pour que vous osiez ainsi stipuler au nom de tous ? Oui, nous sommes le nombre, puisque toutes les fois que la France a été appelée à se prononcer, par ses représentants officiels ou par des manifestations spontanées, sur ses croyances religieuses, elle a hautement déclaré qu'elle appartenait à Dieu. Or, pour elle confesser Dieu, c'est acclamer Notre-Seigneur Jésus-Christ, puisque depuis qu'elle a brûlé ses idoles, par la main de Clovis, elle ne connaît plus de fausses divinités.

D'ailleurs, nous sommes ici avec le passé de la France ; nous relevons un héritage de fidélité et de grandeur quatorze fois séculaire. Nous n'admettrons jamais en effet, qu'il soit au pouvoir de quelques fils indignes ou égarés, d'aliéner en une heure de saturnales, le patrimoine de gloire créé durant de longs siècles, à une illustre famille, par d'héroïques aïeux. Du milieu de cette profanation impie ne s'élevât-il pour protester contre la démence générale que la voix d'un timide enfant, elle suffit à infirmer l'abandon insensé des titres qui sont le trésor commun de toutes les générations. Je dirai volontiers que l'aînesse de notre baptême nous a investis d'un majorat dont nous sommes divinement inhabiles à nous dépouiller. J'aime ce mot du plus profond penseur de notre siècle : « Le Français a besoin de religion plus que tout autre homme ; s'il en manque, il n'est pas seulement affaibli, il est mutilé. »

Libres-penseurs de toutes les écoles, positifs adorateurs du plaisir, fidèles serviteurs de la force triomphante, vous rêvez de faire une France amoindrie, sans autels, sans foyers domestiques, sans tombeaux de ses aïeux, qui n'inspire ni respect aux étrangers, ni amour à ses enfants. Commencez donc par dépouiller la France telle qu'elle subsiste, de tous les bienfaits qu'elle a reçus de Jésus-Christ et de la civilisation chrétienne. Retournez dans la plaine de Tolbiac, replacez-vous sous les coups du barbare qui était sur le point de broyer la France naissante sous son talon. Libre à vous de regretter qu'alors l'invocation du nom de Jésus-Christ ait empêché le nom de Franc d'être anéanti, afin d'épargner aux descendants des hordes que Clovis poussa devant lui, la peine de venir nous reconquérir. Si le souvenir des grandeurs passées, parce qu'elles portent toutes le reflet de la Croix, vous importune, sachez prendre patience; les désastres du XIXe siècle incroyant, pourraient bien réparer les victoires du Ve siècle et des âges chrétiens qui l'ont suivi.

Mais non, vous n'avez pas le droit de disposer ainsi de la France. Celle-ci s'appartient; ou plutôt elle appartient à Jésus-Christ avant d'appartenir à ses enfants eux-mêmes. Nous ne créons point, remarquez-le bien, par notre suffrage, le domaine de Jésus-Christ sur nous; nous le confessons. J'ajoute que nous, Français catholiques du XIXe siècle, sommes là pour le revendiquer pacifiquement contre toute usurpation de l'athéisme. Nous ne reconnaissons en effet à personne, individu ou assemblée, le pouvoir d'accepter pour notre patrie la déchéance ou la forfaiture. Nous voulons garder le serment de Clovis, vingt fois renouvelé dans le cours de notre existence nationale. Nous voulons continuer à être la France de Charlemagne, de saint Louis, de Jeanne d'Arc et non le docile troupeau asservi aux caprices de quelque aventurier. Voilà pourquoi nous répétons le cri séculaire de la France, dont nous voulons transmettre l'écho aux générations qui nous suivront: « Vive le Christ qui aime les Francs ! » *Vivat qui Francos diligit Christus.*

Nous sommes dans cette revendication de l'alliance divine qui doit nous sauver, avec le plus ancien et le plus fidèle allié de la France sur la terre, avec cet illustre protégé de nos armes qui en était le plus efficace protecteur. A l'heure où l'égoïsme et la peur glaçaient autour de nous ceux qui avaient partagé nos prospérités et encouragé nos imprudences, seul, du milieu de l'abandon où l'avait livré notre politique, Pie IX bravant toutes les impopularités, osa élever la voix en notre faveur. Captif dans le Vatican, il ne put courir se jeter dans la mêlée pour séparer les combattants; mais il osa faire entendre les paroles de la douceur chrétienne au vainqueur impitoyable qui, dans ses bulletins de victoire, se déclarait armé par la vengeance divine pour nous châtier.

Entendez en quels termes émus Pie IX s'adressant à l'archevêque de Tours dont le palais abritait le gouvernement de la défense nationale fugitif, lui annonce la démarche dont son cœur lui a fait prendre l'initiative auprès du roi Guillaume : « Malgré la situation douloureuse, rendue chaque jour plus grave et plus dure, où la malice des hommes nous a réduit, Nous, et ce Siége Apostolique, il ne nous est pas possible d'oublier les malheurs et les calamités dont la France est, en ce moment, si cruellement affligée. Plein du souvenir des marques éclatantes d'affection filiale et de dévouement que cette généreuse nation nous a prodiguées en toute circonstance et jusque dans nos plus grandes tribulations, nous avons prié ardemment le Dieu des miséricordes de nous faire connaître comment nous pourrions nous acquitter un peu envers elle de la dette de notre reconnaissance pour ses importants services, et par quel genre de soulagement il nous serait possible de lui venir en aide dans ses épreuves. » Quel prince, quel peuple parlait à cette heure de dette de reconnaissance à acquitter envers la France ? « Nos actions de grâces envers la bonté divine, ajoutait-il, n'auraient pas de bornes, si elle daignait se servir de notre ministère et de notre coopération pour procurer à la France un si grand bien ! » Merci, mon Dieu, d'avoir si vivement intéressé à nos calamités le Pontife dont la prière possède un empire irrésistible sur votre Cœur !

Mais entendons, mes Frères, la coopération que Pie IX attend de nous, en union avec ses supplications quotidiennes pour la France. Il y a quelques semaines, il recevait en audience solennelle les chrétiens dévoués qui ont été les promoteurs et comme les prémices des saints pèlerinages de cette année ; quel mot d'ordre donnait-il à nos pieuses manifestations ? l'alliance avec Jésus-Christ.

« L'histoire de tous les siècles, disait-il avec un fin sourire, nous montre que les puissances, lorsqu'elles ont été menacées d'une guerre ou de dissensions intestines, ont cherché à se créer des alliances. Aujourd'hui encore, au milieu des désordres qui troublent sans cesse la société entière, les puissances travaillent à conclure des alliances dans le secret de leurs cabinets. Quant à nous chrétiens, recherchons des alliances plus fortes, recherchons-les aux pieds de Celui qui a lié au char de son triomphe, le monde, l'enfer et la mort. Il est le grand conquérant, l'Empereur des empereurs, le Roi des rois.

« Le moyen sûr, ajoutait-il, d'obtenir une alliance si avantageuse pour nous, une alliance que nous assure la protection, ou pour mieux dire, l'amitié du Roi des rois, c'est d'être avec lui, de parler de lui, de l'aimer et d'accomplir sa sainte volonté. Mais est-ce que je me trompe ? Ou n'est-ce pas ce qui arrive aujourd'hui sur tant de points de la France ? Les nombreux et pieux pèlerinages qui se font aux divers sanctuaires, parlent de Jésus-Christ ; les tribunaux de la pénitence autour desquels se pressent tant de milliers d'âmes brûlant du désir de se révêtir du brillant habit de la pureté que donne la grâce divine, parlent aussi de lui. Les tables eucharistiques, autour desquelles se réunissent les âmes qui désirent acquérir de la vigueur en se nourrissant du pain des forts et qui sont *quasi novellæ olivarum in circuitu mensæ tuæ,* parlent aussi de Jésus-Christ. »

Après avoir énuméré avec une complaisance visible toutes les catégories d'âmes par lesquelles la France parle de Jésus-Christ, les missionnaires qui portent au loin son nom, les vierges consacrées à Dieu qui soulagent toutes les misères, les chrétiens généreux, les mères et les épouses dévouées, il s'écrie, répétant le salut de Jésus-Christ aux saintes femmes après sa résurection : « Qu'il soit donc permis au vicaire de l'Evêque de vos âmes de s'adresser à vous tous et de dire aux Français : *Avete !* Je vous salue! Je vous salue et, en vous saluant, je vous bénis.» Ah ! mes Frères, je l'accueille avidement ce salut de Jésus-Christ qui nous est apporté par son Vicaire.

Entre les saintes femmes auxquelles parlait Jésus-Christ, il s'en trouvait une dont la vie avait été plus coupable que les autres, mais dont le cœur avait été purifié par le repentir et par l'amour. Troublée par le désir passionné qui la possédait de revoir Jésus, elle ne savait pas le reconnaître et pensait avoir devant elle le gardien du jardin, lorsque déjà elle entendait le son de sa voix. — Tout à l'heure, mes Frères, dans ces lieux bénis, où Jésus daigna si souvent faire entendre ses promesses miséricordieuses à Marguerite-Marie, nous élèverons notre foi jusqu'aux plus hautes ambitions. Ce n'est pas devant un froid simulacre que se répandra notre prière. Le Cœur de Jésus présent répondra à notre repentir et à notre amour. Il échangera avec nous les serments d'une alliance indestructible. *Avete,* « salut; » je l'entends qui vous adresse déjà cette parole.

La douce rencontre de Jésus glorifié récompensait la ferveur de quelques femmes seulement; mais le bienfait de la résurrection était pour tous. *Ite, nuntiate fratribus meis... me videbunt.* «Allez, annoncez à ceux dont je me suis fait le frère, qu'ils me verront au milieu d'eux. » — Pèlerins de Paray-le-Monial, de retour dans vos foyers, annoncez à tous que Jésus-Christ est de nouveau vivant au milieu de nous. Dites que son Cœur a préparé à la France, qui se consacre à lui, « des trésors infinis de miséricordes. » Lui-même vous l'a révélé et vous charge de porter à tous ce salut de son Cœur : *Avete,* « Je vous salue ! » Et moi aussi, je vous salue, au nom du Cœur de Jésus qui vous bénit, pèlerins de Paray-le-Monial !

DIJON, IMPRIMERIE J. MARCHAND, RUE BASSANO, 12.

www.ingramcontent.com/pod-product-compliance
Lightning Source LLC
Chambersburg PA
CBHW051159050726

47594CB00007B/2968